QUICK Source

Microsoft®

Outlook 2007

AF824432

Pour commencer

La fenêtre Outlook

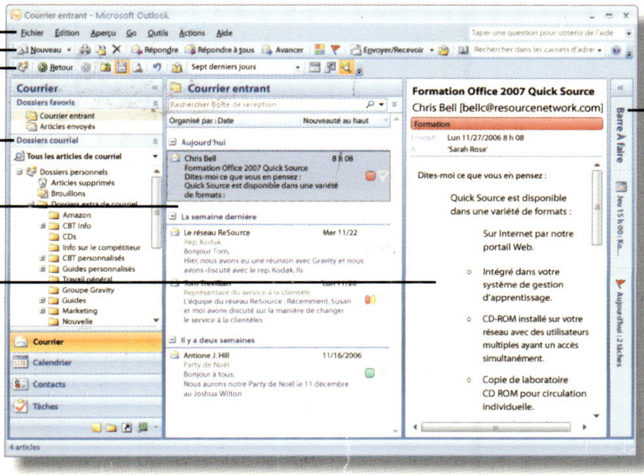

- ❶ **Barre de menus** – contient tous les outils à utiliser avec Outlook 2007.
- ❷ **Barre d'outils standard** – contient les raccourcis pour effectuer les actions standards et utiliser les outils Outlook.
- ❸ **Barre d'outils avancée** – contient les raccourcis pour effectuer les actions et utiliser les outils avancés Outlook.
- ❹ **Volet de navigation** – contient les raccourcis vers les sections et les dossiers Outlook.
- ❺ **Écran Visualisation** – affiche le contenu du dossier sélectionné.
- ❻ **Volet Lecture** – affiche le contenu du message du courriel sélectionné.
- NOUVEAU! ❼ **Barre À faire** – affiche et organise les tâches.

Utilisation du volet de navigation

Les fonctions suivantes sont disponibles dans le **volet de navigation**:

- **Courrier** – l'endroit principal où votre courrier entre et où vous pouvez lire, composer, recevoir et envoyer des courriels.
- **Calendrier** – le programmateur, ou le planificateur, dans lequel vous pouvez régler et organiser des rendez-vous et des tâches.
- **Contacts** – contient votre liste de contacts dans laquelle vous pouvez conserver des noms, des adresses de courriel et d'autres renseignements.
- **Tâches** – la liste de tâches dans laquelle vous pouvez créer et gérer des tâches.
- **Notes** – la page de notes sur laquelle vous pouvez créer et gérer des notes.
- **Liste des dossiers** – affiche tous les dossiers dans un ordre hiérarchique.
- **Raccourcis** – affiche les raccourcis Outlook.
- **Journal** – la page du journal sur laquelle vous pouvez enregistrer les actions reliées aux contacts.

*Remarque: Pour personnaliser le **volet de navigation**, cliquez sur le bouton **Configuration** et sélectionnez les options.*

Créer un nouveau dossier

1. Sélectionnez **Nouveau** dans le menu **Fichier**.
2. Sélectionnez **Dossier** dans le menu résultant.
3. Inscrivez un nom pour le dossier dans la case **Nom**.
4. Cliquez sur la flèche sur la case **Le dossier contient** et sélectionnez le type d'articles que le dossier contiendra.
5. Sélectionnez l'emplacement où vous voulez placer le dossier dans la case **Sélectionnez l'emplacement du dossier**.
6. Cliquez sur le bouton **OK** lorsque vous aurez terminé.

Travailler avec les dossiers

1. Cliquez sur le bouton **Liste des dossiers** au bas du **volet de navigation**.
2. Cliquez sur le bouton de droite de la souris sur le dossier sur lequel vous voulez travailler et effectuez une des étapes suivantes:
   - *Pour déplacer le dossier vers un autre emplacement,* sélectionnez **Déplacer « Nom du dossier »** dans le menu des raccourcis. Sélectionnez l'emplacement où vous voulez déplacer le dossier dans la case **Déplacer le dossier sélectionné vers le dossier** et cliquez sur le bouton **OK**.
   - *Pour copier le dossier,* sélectionnez **Copier « Nom du dossier »** dans le menu des raccourcis. Sélectionnez l'emplacement où vous voulez déplacer le dossier dans la case **Copier le dossier sélectionné au dossier** et cliquez sur le bouton **OK**.
   - *Pour renommer le dossier,* sélectionnez **Renommer « Nom du dossier »** dans le menu des raccourcis. Inscrivez un nouveau nom pour le dossier et appuyez sur la touche **Entrée**.
   - *Pour supprimer le dossier,* sélectionnez **Supprimer « Nom du dossier »** dans le menu des raccourcis. Cliquez sur le bouton **Oui** pour confirmer la suppression.

Remarque: Vous ne pouvez pas déplacer, supprimer ou renommer les dossiers par défaut.

Ajouter un dossier au volet des dossiers Favoris

1. Cliquez sur le raccourci **Courrier** dans le **volet de navigation**.
2. Cliquez sur le bouton de droite de la souris sur le dossier que vous voulez copier dans la section **Dossiers du courrier**.
3. Sélectionnez **Ajouter aux Dossiers Favoris** dans le menu des raccourcis.

*Remarque: Pour retirer un dossier du volet **Dossiers Favoris**, cliquez sur le bouton de droite de la souris sur le dossier et sélectionnez **Retirer des Dossiers Favoris** dans le menu des raccourcis.*

Attribuer des catégories de couleur à un article NOUVEAU!

1. Sélectionnez l'article auquel vous voulez attribuer une catégorie de couleur.
2. Cliquez sur le bouton **Catégoriser** sur la barre d'outils **Standard**.
3. Sélectionnez une catégorie de couleur dans le menu résultant. *(Si vous utilisez cette catégorie de couleur pour la première fois, on vous demandera si vous voulez la renommer.)*

Travailler avec les catégories de couleur NOUVEAU!

1. Cliquez sur le bouton **Catégoriser** sur la barre d'outils **Standard**.
2. Sélectionner **Toutes les catégories** dans le menu résultant.
3. Sélectionnez les options dans la boîte de dialogue **Catégories de couleur**.
4. Cliquez sur le bouton **OK** lorsque vous aurez terminé.

Supprimer un article

1. Sélectionnez l'article que vous voulez supprimer.
2. Cliquez sur le bouton **Supprimer** dans la barre d'outils **Standard** ou appuyez sur **Ctrl + D**.

Rechercher un article supprimé

1. Sélectionnez le dossier **Articles supprimés** dans le **volet de navigation**.
2. Sélectionnez l'article que vous voulez rechercher.
3. Sélectionnez **Déplacer vers le dossier** dans le menu **Édition**.
4. Sélectionnez l'emplacement où vous voulez déplacer l'article dans la case **Déplacer les articles sélectionnés vers le dossier**.
5. Cliquez sur le bouton **OK**.

*Remarque: Pour supprimer de façon permanente les articles dans le dossier **Articles supprimés** sélectionnez **Vider le dossier « Articles supprimés »** dans le menu **Outils**. Cliquez sur le bouton **Oui** pour confirmer la suppression.*

Courriel

La fenêtre Composer un courriel

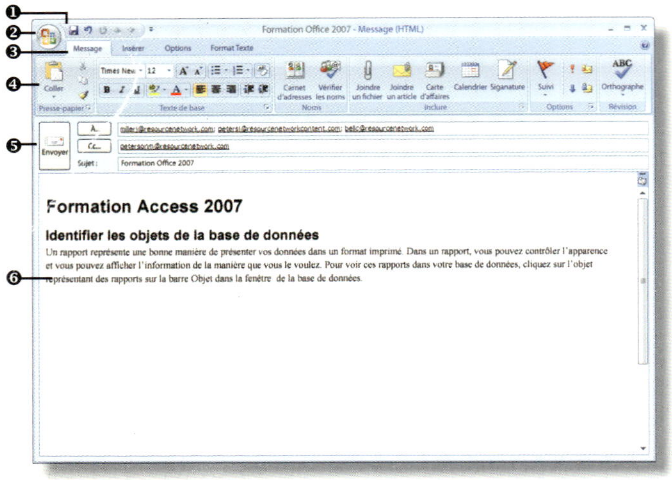

NOUVEAU ! ❶ **Barre d'outils Accès rapide** – contient les raccourcis vers les outils les plus souvent utilisés.

NOUVEAU ! ❷ **Bouton Microsoft Office** – contient les commandes du système et du fichier courant.

NOUVEAU ! ❸ **Barre Onglet** – contient les onglets qui affichent les outils et les commandes dans la barre de mise en forme.

NOUVEAU ! ❹ **Barre de mise en forme** – contient les groupes d'outils et les raccourcis pour les actions standards de composition du courrier.

❺ **Boutons Composer un courriel** – raccourcis pour ajouter les destinataires d'un messages et envoyer un message.

❻ **Boîte de texte** – contient le texte relié au message.

*Remarque: Pour personnaliser ce qui est affiché sur la barre d'outils **Accès rapide** cliquez sur le bouton **Personnaliser la barre d'outils Accès rapide** à droite de la barre d'outils.*

Créer un message

1. Sélectionnez **Nouveau** dans le menu **Fichier**.
2. Sélectionnez **Message du courriel** dans le menu résultant.
3. Inscrivez les adresses de courriel des destinataires dans la case **A**. *(Séparez les adresses de courriel par un point-virgule.)*
4. *Optionnel:* Inscrivez les adresses de courriel additionnelles dans la case **Cc**.
5. Inscrivez un sujet dans la case **Sujet**.
6. Inscrivez le texte du message dans la boîte de texte.
7. Cliquez sur le bouton **Envoyer** lorsque vous aurez terminé.

Lire un message

1. Cliquez sur le raccourci **Courrier entrant** dans le **volet de navigation**.
2. Dans l'écran **Visualisation**, effectuez une des étapes suivantes:
   - *Pour lire le message dans le volet **Lecture**,* cliquez une fois sur le message.
   - *Pour lire le message dans sa propre fenêtre,* double-cliquez sur le message.

*Remarque: Pour prévisualiser les trois premières lignes de vos messages dans l'écran **Visualisation**, cliquez sur le bouton **Prévisualisation automatique** sur la barre d'outils **Avancée**.*

Répondre à un message

1. Sélectionnez le message auquel vous voulez répondre.
2. Effectuez une des étapes suivantes:
   - *Pour répondre seulement à l'expéditeur,* cliquez sur le bouton Répondre **Répondre** sur la barre d'outils **Standard**.
   - *Pour répondre à l'expéditeur et aux destinataires,* cliquez sur le bouton Répondre à tous **Répondre à tous** sur la barre d'outils **Standard**.
3. Inscrivez le texte de réponse dans la boîte de texte.
4. Cliquez sur le bouton **Envoyer** lorsque vous aurez terminé.

Réacheminement d'un message

1. Sélectionnez le message que vous voulez réacheminer.
2. Cliquez sur le bouton Avant **Suivant** sur la barre d'outils **Standard**.
3. Inscrivez les adresses de courriels dans la case **À**.
4. *Optionnel:* Inscrivez un texte dans la boîte de texte.
5. Cliquez sur le bouton **OK** lorsque vous aurez terminé.

Prévisualiser une pièce-jointe NOUVEAU !

1. Cliquez une fois sur le message pour le visualiser dans le volet **Lecture**.
2. Cliquez une fois sur le nom de la pièce-jointe. *(Si un message est affiché, cliquez sur le bouton **Prévisualiser le fichier**.)*
3. Cliquez sur le bouton Message **Message** pour retourner au message.

Remarque: Certaines pièces-jointes ne peuvent pas être pré visualisées jusqu'à ce qu'un pré visualiseur soit installé.

Ouvrir ou sauvegarder une pièce-jointe

1. Cliquez une fois sur le message pour le visualiser dans le volet **Lecture**.
2. Double-cliquez sur le nom de la pièce-jointe.
3. Suivez une des étapes suivantes:
   - *Pour ouvrir une pièce-jointe,* cliquez sur le bouton **Ouvrir**.
   - *Pour sauvegarder une pièce-jointe sur votre ordinateur,* cliquez sur le bouton **Sauvegarder**. Sélectionnez un emplacement pour le fichier et cliquez sur le bouton **Sauvegarder**.

Joindre un fichier à un message

1. Créer le message auquel vous voulez joindre un fichier.
2. Cliquez sur le bouton **Joindre un fichier** dans le groupe **Inclure**.
3. Localisez et sélectionnez le fichier que vous voulez joindre.
4. Cliquez sur le bouton **Insérez**.
5. Cliquez sur le bouton **OK** lorsque vous aurez terminé.

Sauvegarder un brouillon d'un message

1. Créez le message que vous voulez sauvegarder.
2. Cliquez sur le bouton **Sauvegarder** sur la barre d'outils **Accès rapide**.
3. Cliquez sur le bouton **Fermer** pour fermer le message.

*Remarque: Pour envoyer un message sauvegardé, sélectionnez le dossier **Brouillons** dans le **volet de navigation**. Double-cliquez sur le message sauvegardé et cliquez sur le bouton **Envoyer**.*

Régler les options du message

1. Ouvrez ou créez le message dont vous voulez régler les options.
2. Cliquez sur la **boîte de dialogue Afficher les options du message** dans le coin inférieur droit du groupe **Options**.
3. Faites les sélections nécessaires dans la boîte de dialogue **Options du message**.
4. Cliquez sur le bouton **Fermer** lorsque vous aurez terminé.
5. Cliquez sur le bouton **Envoyer** pour envoyer le message.

Imprimer un message

1. Ouvrez le message que vous voulez imprimer.
2. Cliquez sur le bouton **Microsoft Office** et cliquez sur la flèche à côté de **Imprimer**.
3. Suivez une des étapes suivantes:
   - *Pour sélectionner les options d'impression,* sélectionnez **Imprimer** dans le menu résultant. Faites les sélections nécessaires et cliquez sur le bouton **OK**.
   - *Pour imprimer avec les options par défaut,* sélectionnez **Impression rapide** dans le menu résultant.

Tri des messages

1. Sélectionnez **Organiser par** dans le menu **Visualisation** ou cliquez sur **Organisé par** dans l'en-tête de la colonne.
2. Sélection un ordre de tri dans le menu résultant.

Configuration du courrier

Mise en forme d'un texte

1. Dans la boîte de texte, sélectionnez le texte que vous voulez mettre en forme.
2. Cliquez sur l'onglet **Mise en forme du texte**.
3. Cliquez sur la **boîte de dialogue Afficher la police de caractères** dans le coin inférieur droit du groupe **Polices de caractères**.
4. Faites les sélections nécessaires à la mise en forme de la police de caractères.
5. Cliquez sur le bouton **OK** lorsque vous aurez terminé.

*Remarque: Pour rapidement mettre en forme le texte, cliquez sur les boutons dans le groupe **Polices de caractères**.*

Appliquer la mise en forme du paragraphe

1. Dans la boîte de texte, sélectionnez le texte que vous voulez mettre en forme.
2. Cliquez sur l'onglet **Mise en forme du texte**.
3. Cliquez sur la **boîte de dialogue Afficher la police de caractères** dans le coin inférieur droit du groupe **Polices de caractères**.
4. Faites les sélections nécessaires à la mise en forme du paragraphe.
5. Cliquez sur le bouton **OK** lorsque vous aurez terminé.

*Remarque: Pour rapidement mettre en forme le texte, cliquez sur les boutons dans le groupe **Paragraphe**.*

NOUVEAU ! Travailler avec la mini barre d'outils

La **mini** barre d'outils vous permet d'accéder rapidement aux outils de mise en forme.

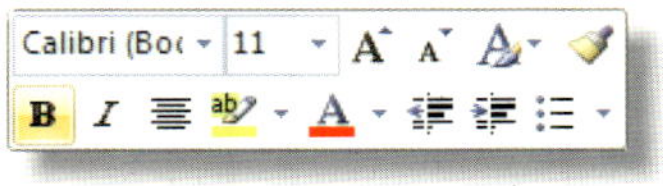

1. Dans la boîte de texte, sélectionnez le texte que vous voulez mettre en forme.
2. Placez le curseur de votre souris sur la **mini** barre d'outils pour l'afficher.
3. Cliquez sur un bouton sur la **mini** barre d'outils pour mettre en forme un texte.

*Remarque: Si vous ne voulez pas que la **mini** barre d'outils apparaisse automatiquement lorsque vous sélectionnez le texte, cliquez sur le bouton **Microsoft Office**. Cliquez sur le bouton **Éditeur d'options**. Supprimez la case **Afficher la mini barre d'outils** et cliquez sur le bouton **OK**.*

NOUVEAU ! Appliquer un style Quick au texte

1. Dans la boîte de texte, sélectionnez le texte que vous voulez mettre en forme.
2. Cliquez sur l'onglet **Mise en forme du texte**.
3. Cliquez sur le bouton **Styles Quick** dans le groupe **Styles** et sélectionnez le style que vous voulez dans la galerie. *(Si le bouton **Styles Quick** ne s'affiche pas, sélectionnez un style dans la boîte **Styles Quick**.)*

Remarque: Lorsque vous placez le curseur de votre souris sur un style dans la galerie, le texte sélectionné affichera le texte mis en forme.

Insérer une illustration

1. Créez ou ouvrez le message dans lequel vous voulez insérer une illustration.
2. Cliquez sur la boîte de texte dans laquelle vous voulez insérer l'illustration.
3. Cliquez sur l'onglet **Insérer**.
4. Dans le groupe **Illustrations**, effectuez une des étapes suivantes:
   - *Pour insérer une photo à partir d'un fichier,* cliquez sur le bouton **Photo**. Localisez et sélectionnez le fichier graphique que vous voulez insérer et cliquez sur le bouton **Insérer**.
   - *Pour insérer un graphique clipart,* cliquez sur le bouton **Clip Art**. Inscrivez un mot-clé pour le clipart que vous voulez insérer dans la case **Rechercher** dans le volet de tâche **Clip Art**. Cliquez sur le bouton **Go**. Cliquez une fois sur le graphique que vous voulez insérer dans le volet des résultats.
   - *Pour insérer une forme,* cliquez sur le bouton **Formes** et sélectionnez une forme à partir du menu résultant. Cliquez et glissez dans la boîte de texte du message pour créer la forme.
   - NOUVEAU ! *Pour insérer un graphique SmartArt,* cliquez sur le bouton **SmartArt**. Sélectionnez une catégorie dans le volet de gauche et sélectionnez le graphique SmartArt que vous voulez insérer. Cliquez sur le bouton **OK**.
   - *Pour insérer un tableau,* cliquez sur le bouton **Tableau**. Sélectionnez une catégorie dans le volet de gauche et sélectionnez le tableau que vous voulez insérer. Cliquez sur le bouton **OK**. Inscrivez les données du tableau et cliquez sur le bouton **Fermer** lorsque vous aurez terminé.

Extras reliés au courrier

Créer une signature

1. Sélectionnez **Options** dans le menu **Outils**.
2. Cliquez sur l'onglet **Mise en forme du courriel**.
3. Cliquez sur le bouton **Signatures**.
4. Cliquez sur le bouton **Nouveau**.
5. Inscrivez un nom pour la signature et cliquez sur le bouton **OK**.
6. Inscrivez et mettez en formez le texte de signature dans la case **Éditer la signature**.
7. *Optionnel:* Pour appliquer une signature à tous les nouveaux messages, cliquez sur la flèche sur la case **Nouveaux messages** et sélectionnez une signature dans le menu résultant.
8. *Optionnel:* Pour appliquer une signature à toutes les réponses et à tous les suivis, cliquez sur la flèche sur la boîte **Réponses/Suivis** et sélectionnez une signature dans le menu résultant.
9. Cliquez sur le bouton **OK** pour fermer toutes les boîtes de dialogues restantes.

*Remarque: Pour appliquer une signature à un message individuel, cliquez sur le bouton **Signature** dans le groupe **Inclure** et sélectionnez le nom de la signature dans le menu résultant.*

Régler la confirmation de lecture et de réception

1. Sélectionnez **Options** dans le menu **Outils**.
2. Cliquez sur le bouton **Options du courriel**.
3. Cliquez sur le bouton **Options de traçage**.
4. Vérifiez la case **Confirmation de lecture** et/ou de **réception**.
5. Cliquez sur le bouton **OK** pour fermer toutes les boîtes de dialogues restantes.

*Remarque: Pour demander une confirmation de réception ou de lecture pour un message individuel, cliquez sur l'onglet **Options**. Dans le groupe **Traçage**, vérifiez la case **Demander une confirmation de réception** et/ou **Demander une confirmation de lecture**.*

Balisage d'un message

1. Sélectionnez le message auquel vous vous apposer une balise dans le volet **Visualisation**.
2. Cliquez sur le bouton **Suivi** sur la barre d'outils **Standard**.
3. Sélectionnez une option de suivi dans le menu résultant.

*Remarque: Pour rapidement baliser un message afin d'obtenir un suivi aujourd'hui'hui, cliquez sur l'icône de drapeau à côté du message dans le volet **Visualisation**.*

Travailler avec les alertes de bureau

Lorsque vous recevez un nouveau message, une alerte de bureau apparaît sur votre bureau. Suivez une des étapes suivantes:

- *Pour ouvrir le message,* cliquez sur le nom de l'expéditeur.
- *Pour supprimer le message sans l'ouvrir,* cliquez sur le bouton **Supprimer**.
- *Pour baliser le message afin d'obtenir un suivi,* cliquez sur le bouton **Baliser l'article**.
- *Pour fermer l'alerte de bureau,* cliquez sur le bouton **Fermer**.

*Remarque: Pour personnaliser la manière dont les alertes de bureau apparaissent, cliquez sur le menu **Outils** et sélectionnez **Options** dans le menu résultant. Cliquez sur le bouton **Options du courriel** et cliquez sur le bouton **Options du courriel avancées**. Cliquez sur le bouton **Paramètres d'alerte du bureau**. Faites les sélections nécessaires et cliquez sur le bouton **OK** pour fermer toutes les boîtes de dialogue ouvertes.*

Changer le format par défaut du message

1. Sélectionnez **Options** dans le menu **Outils**.
2. Cliquez sur l'onglet **Mise en forme du courriel**.
3. Cliquez sur la flèche sur la case **Composer dans ce format de message** et sélectionnez un format dans le menu résultant.
4. Cliquez sur le bouton **OK** lorsque vous aurez terminé.

*Remarque: Pour changer le format du message pour un message individuel, cliquez sur l'onglet **Options** et cliquez sur le bouton dans le groupe **Format**.*

Raccourcis

Barre d'outils standard (Visualisation du courrier)

Nouveau Nouveau message de courriel	Ctrl + N	Fichier/Nouveau/Message
Imprimer	Ctrl + P	Fichier/Imprimer
Déplacer vers le dossier	Ctrl + Shift + V	Édition/Déplacer vers le dossier
Supprimer	Ctrl + D	Édition/Supprimer
Répondre Répondre	Ctrl + R	Actions/Répondre
Répondre à tous Répondre à tous	Ctrl + Shift + R	Actions/Répondre à tous
Avant Renvoyer	Ctrl + F	Actions/Renvoyer
Catégoriser	*aucun*	Actions/Catégoriser
Suivi	*aucun*	Actions/Suivi
Envoyer/Recevoir Envoyer/Recevoir	F9	Outils/Envoyer/recevoir/ Envoyer/Recevoir tout
Créer une règle	*aucun*	Outils/Règles et Alertes
Carnet d'adresses	Ctrl + Shift + B	Outils/Carnet d'adresses
Rechercher les carnets d'adresses Trouver un contact	F11	*aucun*
Aide Outlook Microsoft Office	F1	Aide /Aide Outlook Microsoft Office

Barre d'outils avancée (Visualisation du courrier)

Outlook aujourd'hui	*aucun*	*aucun*
Retour Retour	*aucun*	*aucun*
Renvoyer	*aucun*	*aucun*
Jusqu'à un niveau	*aucun*	*aucun*
Volet Lecture	*aucun*	Visualisation/Volet Lecture
Prévisualisation de l'impression	*aucun*	Fichier/Imprimer visualisation
Annuler	Ctrl + Z	Édition/Annuler
Règles et alertes	*aucun*	Outils/Règles et Alertes
Sept derniers jours Visualisation actuelle	*aucun*	Visualisation/ Visualisation actuelle
Groupe par case	*aucun*	*aucun*
Choisir un champ	*aucun*	*aucun*
Prévisualisation automatique	*aucun*	Visualisation/ Prévisualisation automatique

Barre d'outils standard (Visualisation du calendrier)

Nouveau Nouveau rendez-vous	Ctrl + N	Fichier/Nouveau/ Rendez-vous
Imprimer	Ctrl + P	Fichier/Imprimer
Supprimer	Ctrl + D	Édition/Supprimer
Catégoriser	*aucun*	Actions/Catégoriser
Visualiser les programmes de groupe	*aucun*	Actions/Visualiser les programmes de groupe
Aujourd'hui Allez a aujourd'hui	*aucun*	Aliez à/Aujourd'hui
Carnet d'adresses	Ctrl + Shift + B	Outils/Carnet d'adresses
Rechercher les carnets d'adresses Trouver un contact	F11	*aucun*
Aide Outlook Microsoft Office	F1	Aide/Aide Outlook Microsoft Office

Barre d'outils standard (Visualisaton des contacts)

Nouveau Nouveau contact	Ctrl + N	Fichier/Nouveau/contact
Imprimer	Ctrl + P	Fichier/Imprimer
Déplacer vers le dossier	Ctrl + Shift + V	Édition/Déplacer vers le dossier
Supprimer	Ctrl + D	Édition/ Supprimer
Nouveau message à un contact	*aucun*	Actions/ Créer/Nouveau Message à un contact
Composer	*aucun*	Actions/Appeler contact
Catégoriser	*aucun*	Actions/Catégoriser
Suivi	*aucun*	Actions/Suivi
Carnet d'adresses	Ctrl + Shift + B	Outils/Carnet d'adresses
Rechercher les carnets d'adresses Trouver un contact	F11	*aucun*
Aide Outlook Microsoft Office	F1	Aide/Aide Outlook Microsoft Office

Barre d'outils standard (Visualisation des tâches)

Nouveau Nouvelle tâche	Ctrl + N	Fichier/ Nouveau/Tâche
Imprimer	Ctrl + P	Fichier/Imprimer
Déplacer vers le dossier	Ctrl + Shift + V	Édition Déplacer vers le dossier
Supprimer	Ctrl + D	Édition/Supprimer
Marque complet	*aucun*	Actions/Suivi/ Marquer complet
Répondre Répondre	Ctrl + R	*aucun*
Répondre à tous Répondre à tous	Ctrl + Shift + R	*aucun*
Avant Renvoyer	Ctrl + F	Actions/Renvoyer
Catégoriser	*aucun*	Actions/Catégoriser
Suivi	*aucun*	Actions/Suivi
Carnet d'adresses	Ctrl + Shift + B	Outils/Carnet d'adresses
Rechercher les carnets d'adresses Trouver un contact	F11	*aucun*
Aide Outlook Microsoft Office	F1	Aide/Aide Outlook Microsoft Office

Pour de l'aide

Utiliser l'Aide Outlook

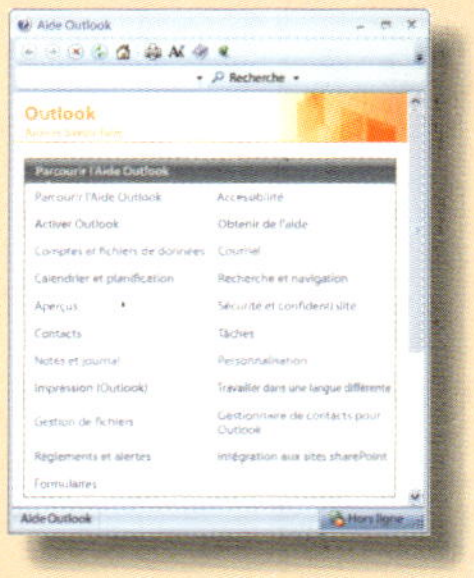

1. Sélectionnez **Aide Outlook Microsoft Office** dans le menu **Aide** ou appuyez sur **F1**.
2. Suivez une des étapes suivantes:
   - *Pour parcourir le menu de l'Aide Outlook,* sélectionnez un sujet dans la boîte **Parcourir l'Aide Outlook.**
   - *Pour parcourir la table des matières de l'Aide,* cliquez sur le bouton **Afficher la table des matières** sur la barre d'outils **Standard.** Cliquez sur une icône de livre pour ouvrir un sujet et en consulter les sous-sujets.
   - *Pour rechercher des sujets d'Aide,* inscrivez ce que vous voulez chercher dans la case **Taper les termes à rechercher** et cliquez sur le bouton **Rechercher.**
3. Cliquez une fois sur un sujet pour lire les renseignements relatifs à ce sujet **d'Aide.**

Remarque : Cliquez sur le bouton ***Accueil*** *sur la barre d'outils* ***Standard*** *pour retourner à la boîte* ***Parcourir l'Aide Outlook****. Cliquez sur les boutons* ***Retour*** *et* ***Suivant*** *pour parcourir le menu de l'Aide Outlook.*

Imprimer un sujet d'Aide

1. Affichez l'image Aider à que vous vo
2. Cliquez sur le bouton **Imprime** ... outils Standard.
3. Sélectionnez les options d'impressio
4. Cliquez sur le bouton **Imprimer** pou ... le sujet.

ISBN 978-1-932104-70-7
9 781932 104707

Calendrier

Planifier un rendez-vous

1. Sélectionnez **Nouveau** dans le menu **Fichier**.
2. Sélectionnez **Rendez-vous** dans le menu résultant.
3. Inscrivez une description du rendez-vous dans la case **Sujet**.
4. Inscrivez l'endroit où aura lieu la rencontre dans la boîte **Endroit**.
5. Inscrivez ou sélectionnez une date et une heure dans les cases **Heure de départ**.
6. Inscrivez ou sélectionnez une date et une heure dans les cases **Heure de complétion**.
7. Inscrivez les détails dans la boîte de texte.
8. *Optionnel:* Pour régler un rappel du rendez-vous, cliquez sur la flèche sur la boîte **Rappel** dans le groupe **Options** et sélectionnez une heure dans le menu résultant.
9. *Optionnel:* Pour répéter le rendez-vous, cliquez sur le bouton **Répéter** dans le groupe **Options**. Sélectionnez les options de répétition et cliquez sur le bouton **OK**.
10. Cliquez sur le bouton **Sauvegarder & Fermer** une fois que vous aurez terminé.

*Remarque: Pour planifier rapidement un rendez-vous, cliquez sur le raccourci **Calendrier** dans le **volet de navigation**. Double-cliquez sur la date et sur l'heure à laquelle vous voulez planifier le rendez-vous.*

Planifier une réunion

1. Sélectionnez **Nouveau** dans le menu **Fichier**.
2. Sélectionnez **Demande de réunion** dans le menu résultant.
3. Inscrivez les adresses de courriel des destinataires dans la case **A**.
4. Inscrivez une description du rendez-vous dans la boîte **Sujet**.
5. Inscrivez l'endroit où aura lieu la rencontre dans la boîte **Endroit**.
6. Inscrivez ou sélectionnez une date et une heure dans les cases **Heure de départ**.
7. Inscrivez ou sélectionnez une date et une heure dans les cases **Heure de complétion**.
8. Inscrivez les détails de la réunion dans la boîte de texte.
9. Cliquez sur le bouton **OK** lorsque vous aurez terminé.

Répondre à une demande de réunion

Lorsque vous êtes invité à une réunion, vous recevrez un message dans votre dossier de courrier entrant.

1. Cliquez sur le message pour le lire dans le volet **Lecture**.
2. Suivez une des étapes suivantes:
   - *Pour ajouter une réunion à votre calendrier,* cliquez sur le bouton Accepter **Accepter**.
   - *Pour ajouter une réunion à votre calendrier, marqué À confirmer,* cliquez sur le bouton ? À confirmer **À confirmer**.
   - *Pour refuser une réunion,* cliquez sur le bouton × Refuser **Refuser**.
3. Suivez une des étapes suivantes:
   - *Pour envoyer une réponse sans commentaire,* sélectionnez **Envoyer une réponse maintenant** et cliquez sur le bouton **OK**.
   - *Pour envoyer une réponse avec commentaire,* sélectionnez **Éditer une réponse avant l'envoi**, inscrivez les commentaires et cliquez sur le bouton **Envoyer**.
   - *Pour accepter ou refuser une réunion sans répondre,* sélectionnez **Ne pas envoyer de réponse** et cliquez sur le bouton **OK**.

Remarque: Pour proposer une nouvelle heure de réunion, cliquez sur le bouton Propose une nouvelle heure ***Proposer une nouvelle heure** au haut du message. Sélectionnez une nouvelle heure de réunion, cliquez sur le bouton **Proposer une heure** et cliquez sur le bouton **Envoyer**.*

Créer un calendrier additionnel

1. Cliquez sur le raccourci **Calendrier** dans le **volet de navigation**.
2. Sélectionnez **Nouveau** dans le menu **Fichier**.
3. Sélectionnez **Calendrier** dans le menu résultant.
4. Inscrivez un nom pour le calendrier dans la case **Nom**.
5. Sélectionnez l'emplacement où vous voulez placer le calendrier dans la case **Sélectionnez l'emplacement du dossier**.
6. Cliquez sur le bouton **OK**.

Superposer des calendriers multiples (NOUVEAU!)

1. Dans le **Calendrier**, vérifiez les cases dans la section **Mes Calendriers** du **volet de navigation** à côté des calendriers que vous voulez afficher.
2. Cliquez sur le bouton **Visualiser en mode superposé** sur l'onglet du calendrier que vous voulez superposer.

*Remarque: Pour retourner la visualisation côte-à-côte, cliquez sur le bouton **Visualiser en mode côte-à-côte** sur l'onglet du calendrier.*

Envoyer votre calendrier dans un courriel (NOUVEAU!)

1. Cliquez sur le raccourci **Calendrier dans le** volet de **navigation**.
2. Cliquez sur un raccourci **Envoyer un calendrier par courriel** dans le **volet de navigation**.
3. Cliquez sur la flèche sur la case **Calendrier** et sélectionnez le calendrier que vous voulez envoyer dans le menu résultant.
4. Cliquez sur la flèche sur la boîte **Date** et sélectionnez une option dans le menu résultant.
5. Cliquez sur la flèche sur la case **Détail** et sélectionnez une option dans le menu résultant.
6. Cliquez sur le bouton **OK**.
7. Inscrivez les adresses de courriel des destinataires dans la case **A**.
8. Cliquez sur le bouton **Envoyer**.

Tâches

Créer une tâche

1. Sélectionnez **Nouveau** dans le menu **Fichier**.
2. Sélectionnez **Tâche** dans le menu résultant.
3. Inscrivez un sujet pour la tâche dans la case **Sujet**.
4. Cliquez sur la flèche dans la case **Date de départ** et sélectionnez une date dans le menu résultant.
5. Cliquez sur la flèche dans la case **Date de complétion** et sélectionnez une date dans le menu résultant.
6. *Optionnel:* Cliquez sur la flèche sur la case **Statut** et sélectionnez un statut dans le menu résultant.
7. *Optionnel:* Cliquez sur la flèche sur la case **Priorité** et sélectionnez une priorité dans le menu résultant.
8. *Optionnel:* Pour programmer un rappel de la tâche, vérifiez la case **Rappel**, cliquez sur la flèche sur chaque case, et sélectionnez une date et une heure dans le menu résultant.
9. *Optionnel:* Inscrivez les détails reliés à la tâche dans la boîte de texte.
10. Cliquez sur le bouton **Sauvegarder & Fermer** une fois que vous aurez terminé.

*Remarque: Pour rapidement créer une tâche dans la barre **À Faire**, cliquez une fois sur la barre **À Faire** pour l'agrandir. Cliquez sur la case **Taper une nouvelle tâche**, inscrivez un sujet pour la tâche, et appuyez sur la touche **Entrée**.*

Travailler avec la barre À Faire (NOUVEAU!)

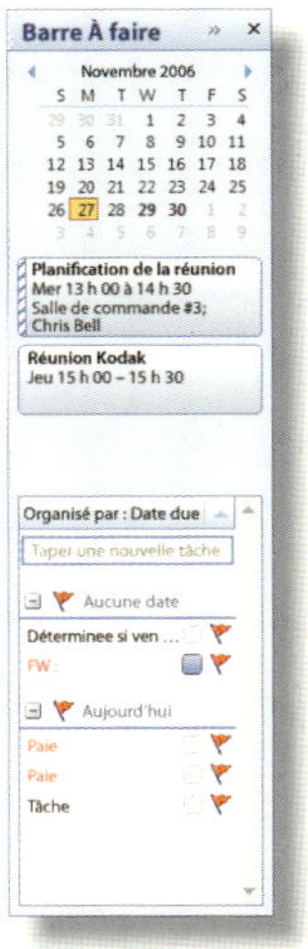

La barre **À Faire** contient tous les articles Outlook qui ont été balisés pour obtenir un suivi. Par défaut, la barre **À Faire** est affichée dans toutes les visualisations Outlook.

- *Pour agrandir la barre **À Faire**,* cliquez sur le bouton « **Agrandir la barre À Faire**.
- *Pour réduire la barre **À Faire**,* cliquez sur le bouton » **Réduire la barre À Faire**.
- *Pour changer les options de le barre **À Faire**,* sélectionnez **Barre À Faire** dans le menu **Visualisation** et sélectionnez **Options** dans le menu résultant. Faites les sélections nécessaires et cliquez sur le bouton **OK**.
- *Pour fermer la barre **À Faire**,* sélectionnez **Barre À Faire** dans le **menu Visualisation** et sélectionnez **Off** dans le menu résultant, ou cliquez sur le bouton × **Fermer la barre À Faire**.

Contacts

Créer un contact

1. Sélectionnez **Nouveau** dans le menu **Fichier**.
2. Sélectionnez **Contact** dans le menu résultant.
3. Inscrivez un nom pour le contact dans la case **Nom complet**.
4. Inscrivez les renseignements additionnels sur le contact.
5. Cliquez sur le bouton **Sauvegarder & Fermer** lorsque vous aurez terminé.

Envoyer un message à un contact

1. Cliquez sur le raccourci **Contacts** dans le **volet de navigation**.
2. Cliquez sur le bouton **Nouveau message à un contact** sur la barre d'outils **Standard**.
3. Inscrivez un sujet dans la case **Sujet**.
4. Inscrivez le texte dans la boîte de texte.
5. Cliquez sur le bouton **Envoyer** lorsque vous aurez terminé.

Créer une liste de diffusion

1. Sélectionnez **Nouveau** dans le menu **Fichier**.
2. Sélectionnez **Liste de diffusion** dans le menu résultant.
3. Inscrivez un nom pour la liste dans la case **Nom**.
4. Cliquez sur le bouton **Sélectionner les membres** dans le groupe **Membres**.
5. Sélectionnez un nom de contact et cliquez sur le bouton **Membres**. *(Répéter pour chaque membre que vous voulez ajouter.)*
6. Cliquez sur le bouton **OK**.
7. *Optionnel:* Pout ajouter un membre qui n'est pas dans votre carnet d'adresses, cliquez sur le bouton **Ajouter nouveau** dans le groupe **Membres**. Inscrivez les renseignements sur le membre et cliquez sur le bouton **OK**.
8. Cliquez sur le bouton **Sauvegarder & Fermer** lorsque vous aurez terminé.

NOUVEAU ! Travailler avec les cartes d'affaires électroniques

Les cartes d'affaires électroniques représentent une nouvelle méthode d'organisation et de communication des renseignements reliés au contact. Lorsque vous créez un contact, une carte d'affaires électronique est automatiquement créée pour ce contact.

- *Pour éditer une carte d'affaires électronique pour un contact,* double-cliquez sur le contact pour l'ouvrir. Cliquez sur le bouton **Carte d'affaires** dans le groupe **Options**. Faites les sélections nécessaires et cliquez sur le bouton **OK**.
- *Pour envoyer une carte d'affaires électronique,* sélectionnez le contact auquel vous voulez l'envoyer. Sélectionnez **Envoyer une carte d'affaires** dans le menu **Actions**. Inscrivez le destinataire et les renseignements du message, et cliquez sur le bouton **Envoyer**.
- *Pour sauvegarder une carte d'affaires électronique que vous avez reçue,* ouvrez le message. Cliquez sur le bouton de droite de la souris, et sélectionnez **Ajouter aux contacts** dans le menu résultant. Cliquez sur le bouton **Sauvegarder & Fermer** pour sauvegarder la carte d'affaires électronique à vos contacts.

Journal

Créer une entrée de journal

Utiliser la fonction Journal pour conserver un enregistrement des interactions avec les contacts.

1. Cliquez sur le raccourci **Journal** dans le **volet de navigation**.
2. Cliquez sur le bouton Nouveau **Nouvelle entrée de journal** sur la barre d'outils **Standard**.
3. Inscrivez une description de l'entrée dans la case **Sujet**.
4. Cliquez sur la flèche sur la case **Taper entrée** et sélectionnez une entrée dans le menu résultant.
5. *Optionnel:* Inscrivez un nom de compagnie dans la case **Compagnie**.
6. Inscrivez ou sélectionnez une date et une heure dans les cases **Heure de départ**.
7. Cliquez sur la flèche sur la case **Durée** et sélectionnez une durée dans le menu résultant.
8. *Optionnel:* Inscrivez des notes dans la boîte de texte.
9. Cliquez sur le bouton **Sauvegarder & Fermer** lorsque vous aurez terminé.

Enregistrement automatique des entrées du journal

1. Sélectionnez **Options** dans le menu **Outils**.
2. Cliquez sur le bouton **Options de journal**.
3. Sélectionnez les articles dans la case **Enregistrer automatique ces articles**.
4. Sélectionnez les contacts dans la case **Pour ces contacts**.
5. *Optionnel:* Pour enregistrer ces articles à partir de programmes spécifiques, sélectionnez les programmes dans la case **Enregistrer aussi les fichiers à partir de**.
6. *Optionnel:* Sélectionnez d'autres options.
7. Cliquez sur le bouton **OK** pour fermer toutes les boîtes de dialogues restantes.

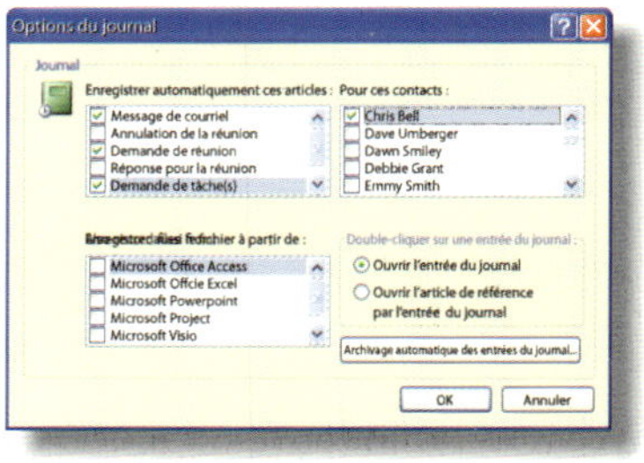

Notes

Créer une note

Utiliser les notes pour organiser de petites quantités d'information que vous pourriez avoir besoin à titre de référence plus tard.

1. Cliquez sur le raccourci **Notes** dans le **volet de navigation** .
2. Cliquez sur le bouton Nouveau **Nouvelle Note** sur la barre d'outils **Standard**.
3. Inscrivez directement le texte dans la note.
4. Cliquez sur le bouton **Fermer** dans le coin supérieur droit pour fermer la note. *(Outlook nommera la note accompagnant le texte qui a été inscrit et enregistrera la date et l'heure à laquelle la note a été créée au bas de la note.)*

Travailler avec les notes

- *Pour ouvrir une note,* double-cliquez sur la note dans le volet **Notes**.
- *Pour attribuer une catégorie de couleur à une note,* cliquez sur le bouton de droite de la souris, sélectionnez **Catégoriser** et sélectionnez une catégorie de couleur dans le menu des raccourcis.
- *Pour supprimer une note,*cliquez sur le bouton de droite de la souris et sélectionnez **Supprimer** dans le menu des raccourcis.
- *Pour changer la manière dont les notes apparaissent,* cliquez sur le bouton Grandes icônes **Grandes icônes**, Petites icônes **Petites icônes**, ou Liste **Liste** sur la barre d'outils **Standard**.

Envoyer une note par courriel

1. Sélectionnez la note que vous voulez envoyer.
2. Sélectionnez **Renvoyer** dans le menu **Actions**. *(Un nouveau message s'ouvrira avec le nom de la note dans la case* ***Sujet*** *et le fichier de la note comme pièce-jointe.)*
3. Entrez les adresses de courriel des destinataires dans la case **A**.
4. *Optionnel:* Inscrivez le texte.
5. Cliquez sur le bouton **Envoyer** une fois que vous aurez terminé.